WHAT COLOR IS IT?

Grow a bilingual vocabulary by:

- **Looking** at pictures and words
- **Talking** about what you see
- **Touching** and naming objects
- **Using** questions to extend learning...
  Ask questions that invite children
  to share information.
  Begin your questions with words like...
  who, what, when, where and how.

Desarrolle su vocabulario bilingüe:

- **Mire** a los dibujos y a las palabras
- **Hable** de lo que ves
- **Toque** y nombre objetos
- **Use** preguntas para aumentar el aprendizaje...
  Use preguntas que invitan a
  los niños a compartir la información.
  Empiece sus frases con el uso de estas palabras...
  ¿quién? ¿qué? ¿cuándo? ¿por dónde? y ¿cómo?

LEARNING *PROPS* **Learning Props, L.L.C.**

¿DE QUÉ COLOR ES?

red

apple
la manzana

fish
el pez

rose
la rosa

stop
sign

la señal
de alto

pillow
la almohada

strawberries
las fresas

valentine
el corazón
de San Valentín

pepper
el pimiento

fire truck
el camión
de bomberos

rojo

yellow

sun
el sol

apple
la manzana

bananas
los plátanos/
los bananos/
los guineos/

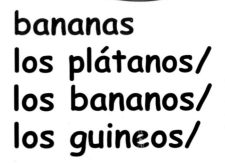

lemon
el limón

corn
el maíz

hard hat
el sombrero duro

flower
la flor

school bus
el autobús
de escuela

car
el carro/
el coche

fish
el pez

amarillo

blue

sky
el cielo

American flag
la bandera americana

butterfly
la mariposa

ball
la pelota

fish
el pez

chair
la silla

backpack
la mochila

shirt
la camisa

car
el carro/
el coche

azul

green

apple
la manzana

lettuce
la lechuga

tree
el árbol

grass
la hierba/
la grama

bug
el insecto

leaf
la hoja

traffic light
el semáforo

grapes
las uvas

pickle
el pepino
encurtido

frog
la rana

verde

orange

orange
la naranja

basketball
el balón de
baloncesto

shirt & socks
la camisa y
los calcetines

button
el botón

leaf
la hoja

tiger
el tigre

pumpkin
la calabaza

umbrella
el paraguas

anaranjado

gray

kitten
el gatito

camera
la cámara

elephant
el elefante

trash can
el cubo
de la basura

gris

airplane
el avión

purple

flower
la flor

yarn
el hilo

gift
el regalo

grapes
las uvas

jelly
la mermelada

morado

black

frying pan
la sartén

telephone
el teléfono

soccer ball
el balón
de fútbol/
la pelota
de fútbol

bear
el oso

Dalmatian
el perro dálmata

negro

pink

balloon
el globo

bowl
el tazón

flamingo
el flamenco

dress
el vestido

chair
la silla

ice cream
el helado

rosado

brown

eye
el ojo

dog
el perro

boots
las botas

monkey
el mono

box
la caja

baseball glove
el guante de béisbol

café

white

milk
la leche

egg
el huevo

flower
la flor

moth
la mariposa
nocturna

bottle
la botella

necklace
el collar

popcorn
las palomitas
de maíz

blanco

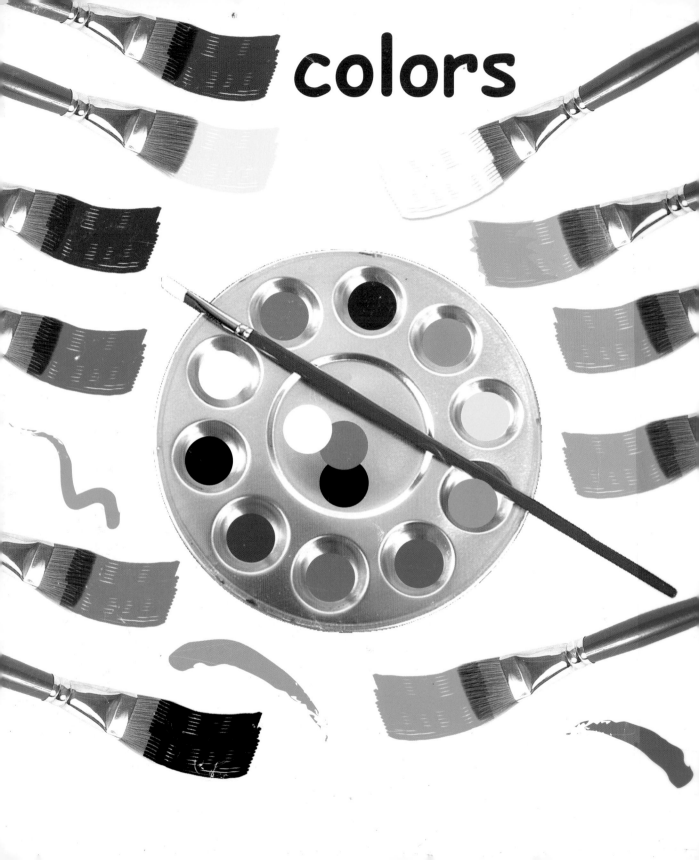

colors

green verde
red rojo
yellow amarillo
orange anaranjado
blue azul
purple morado
white blanco
brown café
black negro
gray gris
pink rosada

colores

find the colors

busque los colores